AF454999

PRÉAMBULE

DE LA DISCUSSION

SUR LE PROJET DE LOI

RELATIF A LA MINE

DE SEL GEMME.

Il y a trop de sels : voilà le fait qui domine la matière. (*État de la Question*, page 72.)

PARIS,

ADRIEN ÉGRON, IMPRIMEUR-LIBRAIRE,

RUE DES NOYERS, N° 37;

PONTHIEU, LIBRAIRE, AU PALAIS-ROYAL.

M. DCCC. XXV.

On ne sait trop ce qu'on écrit. Arraché de sa paisible demeure, relégué dans un coin d'hôtel-garni, affligé de visites et de lettres, harassé de courses et de discours, également effrayé de ménager trop ou de respecter trop peu les convenances; et comme toute pensée se rattache au trône tutélaire, tantôt exalté par le zèle, tantôt comprimé par la crainte : il faut écrire cependant.

Et pourquoi tant de trouble et de gêne et de risque? parceque la loi oubliant combien de fois elle s'est repentie et plus exposée que jamais au malheur de se repentir encore, ne veut pas prendre la peine et le temps de se faire; parce que la loi, induite par de vaines paroles, se laisse trop aisément persuader que son intervention est urgente et que la matière est éclaircie.

Mais rien ne décourage, rien ne dissuade. Et pour peu qu'il soit laissé douze heures pour écrire, douze heures pour copier, deux jours pour imprimer; on se fait fort de répondre victorieusement au rapport de la commission à la Chambre des Pairs, s'il doit être en faveur du projet et quel qu'en soit le rédacteur; désirant seulement qu'il n'advienne pas à ce rapport, ainsi qu'il est advenu au rapport fait à l'Académie et à l'exposé des motifs, qui, rejetés dans la classe des œuvres pseudonymes, se sont vus déniés et reniés, l'un par le premier en rang et en ligne parmi les signataires, lequel a déclaré qu'il avait signé de confiance, suivant l'usage; et l'autre par l'orateur même dont la voix l'avait débité à la tribune, lequel a reconnu que ce travail n'était pas sorti de sa plume; dénégations et rénégations, qui du reste sont écrites à chaque page et comme emprcintes dans la contexture de ces pièces, où les faits faux et les faux principes se disputent la préséance; dénégations et rénégations, qu'il n'est point à craindre de voir contredites par leurs auteurs, attendu que ce serait se charger bénévolement d'une responsabilité terrible, à la barre du tribunal qui dispense le blâme et le ridicule.

PRÉAMBULE

DE LA DISCUSSION

SUR LE PROJET DE LOI

RELATIF A LA MINE

DE SEL GEMME.

Rien ne se fait en France pour les intérêts généraux, tout pour l'intérêt particulier. Et comment en serait-il autrement, lorsque l'ordre social, dissous dans la conflagration révolutionnaire, ne présente plus qu'une poussière d'existences éparpillées, chacune réduite à sa plus simple expression, chacune concentrée sous le type absolu de la personnalité, chacune s'agitant dans un isolement parfait, dont la tendance à se rejoindre, à se réunir, à s'agglomérer, d'après leurs rapports naturels, est incessamment entravée et comprimée sous le poids d'une administration trop compacte, qu'il leur faut subir, et par le trouble régularisé qu'entretient une bureaucratie trop minutieuse.

Aussi la question relative à la mine de sel gemme, n'aurait pas jailli des abîmes, si la vanité de certain faiseur d'ordre subalterne, et la cupidité de quelque compagnie spéculatrice, dont la pensée est révélée dans l'exposé des motifs, ne s'étaient ingérées et acharnées, avec plus d'adresse et de constance que n'a jamais suscité l'amour du bien public, à supposer des prétextes, à imaginer des sophismes qui, paraissant se rattacher aux vues légitimes de la morale et de la politique, pussent prêter un voile passager aux convoitises honteuses dont elles sont possédées.

On regrettera toujours que le brandon de discorde ait été lancé; car le triomphe même dans la lutte contre de telles passions, les fait ployer seulement, au lieu de les écraser, et tout en réprimant leur audace intempestive, les repousse aux voies plus funestes encore de l'astuce; et cependant les complots tramés par elles ne laissent pas, bien qu'ils soient déjoués, d'engendrer des fermens d'inquiétude, de semer des germes de méfiance et de haine, que les accidens du temps porteraient vite à maturité.

Le sort en ordonna autrement : le projet a été présenté. Mais du moins, il semble s'établir peu à peu dans les esprits, qu'il y a une question; et c'est tout, puisque la discussion s'ouvre ainsi; puisqu'en s'élargissant et s'approfondissant, elle prouvera de plus en plus qu'il y a une question; puisqu'enfin devant parvenir tôt ou tard à poser la question dans ses vrais termes, la solution en sortira aussitôt.

Toutefois, la situation des adversaires du projet s'éclaircit et se fortifie. Ils ont parlé, ils ont écrit: et nulle réponse ne leur a été faite. S'ils doivent être jamais réfutés, ce sera après qu'il n'y aura plus moyen de répliquer : s'ils doivent succomber, ce sera sous le coup numérique des boules; et pour lors, ne leur restera-t-il pas à dire et à redire : Qu'est-ce que cela prouve?

Et quant aux fauteurs du projet, quelle est leur position? On la cherche avec anxiété; on aimerait à leur en inventer, à leur en simuler une quelconque, où pouvant enfin les atteindre, on pourrait les poursuivre, les pourchasser de retranchemens en retranchemens.

Mais c'est chose inespérée. Deux seuls documens ont été fournis en faveur du projet : le rapport fait à l'Académie, et l'Exposé des Motifs devant la Chambre des Pairs. Et ils se sont évanouis, évaporés comme une bulle légère, n'ayant pas assez de consistance pour supporter le transport, du papier bénévole qui les avait accueillis, sur un papier quelque peu réfractaire. Pour résoudre et dissoudre les argumens dont leur texte est chargé, il suffisait de les soumettre à la lumière.

Dans l'examen du rapport, inséré à la fin de l'*Etat de la Question*, il aura été vu que les faits mis en discussion dans ce rapport, étaient autres que les faits offerts par la question, de sorte que sa conclusion ne donne nullement la solution du problème; il aura été vu que les raisonnemens entassés à l'appui, se trouvaient ou faux en réalité, ou faux dans l'application, également annulés ainsi dans les deux cas: si bien que de tout ce plaidoyer, de tout ce réquisitoire au profit de l'ambitieuse et intrigante mine, il ne reste à fin de compte que cinq signatures en papier, dont la valeur réelle, le poids effectif se réduit, au moins pour quatre d'entre elles, à l'apposition matérielle des noms, au bas d'une rédaction qui à peine avait été lue, et qui certes ne serait pas soussignée à cette heure.

Et cela fait mal, cela torture l'âme, cela empoisonne la pensée de l'avenir, de voir que par un effet de cette fade complaisance, de cette politesse abusive qui domine Paris, comme s'il était nécessaire de jeter quelque gaze trop transparente, sur les mornes secrets de la mutuelle envie et des haines respectives, les personnes les plus honorables de sentimens, les plus éminentes dans la science, entraînées par un exemple décevant, se prêtent à sanctionner aux yeux, à consacrer par leur signature des allégations qui peuvent, qui doivent, par la suite, induire la loi à des actes mal avisés, et précipiter dans l'infortune les innocentes peuplades.

Dans le *Coup d'Œil* sur l'exposé des motifs, il aura été vu, entre autres choses plus ou moins curieuses, comment les propriétaires de marais salans, chargés d'entraves de toutes sortes, n'en doivent pas moins marcher au plus vite; comment le prix des sels, porté au double par une chance imprévue, ne devait nullement réduire leur exportation; comment il y a des mines sur les plages de la mer du Portugal; comment la mine de Vic, après avoir dévoré dix départemens de l'Est, va se transporter sur la cale de Dunkerque : il aura été vu par quel charme magique les habitans de l'Est et de l'Ouest fascinés, se trouveront, ceux-là tout satisfaits de surpayer une denrée indispensable et d'abandonner des habitudes immémoriales, ceux-ci tout reconnaissans d'un acte de faveur qu'ils n'ont certes pas mendié, et qu'ils auraient repoussé avec dédain : il aura été vu qu'une compagnie puissante obtiendra, en peu d'années, ce que n'aurait pu faire en un siècle la liberté générale d'exploiter, et que la diminution de tous les objets de consommation résulte peut-être plus encore de la grandeur des moyens et de l'abondance des capitaux, que d'un commerce libre et d'une nombreuse rivalité.

Et cela fait mal aussi, cela fera mal de tous les bords ; car bien qu'un usage qui menace grandement de s'invétérer ait dû courber déjà et ravaler les esprits, encore ne sont-ils pas tellement affaisés, tellement aplatis, que leur élasticité native ne tende parfois à se relever sous un joug de jour en jour appesanti.

Voilà donc que tous les échafaudages si artistement, si péniblement construits dans la vue d'ériger une insolente pyramide en l'honneur de la compagnie unique, ont croulé; il en est fait place nette. Et pourtant les manœuvres ramassés de tous les coins et soudoyés d'avance pour la fabrique de l'œuvre merveilleuse, encore frappés du grandiose des machines, et ruminant les vaines espérances de la mémoire, ne cessent, en leurs efforts malencontreux, de s'animer, de s'exciter à poursuivre la tâche imposée : innocens qui n'auront en peu d'instans qu'à souffler dans leurs doigts; car la bise ne tardera pas à tomber des hauteurs de l'aquilon.

Ainsi les défenseurs du projet, tout vaincus qu'ils sont, ne se tiennent pas pour battus : à défaut d'argumens auxquels se refuse leur cause, ils se retranchent derrière des objections, l'une sur l'autre entassées, souvent détruites de fond en comble, et toujours relevées de nouveau.

« Il est vrai, disent-ils, que la population de l'Est est soumise à un double droit sur les sels : mais il y a mille ans; mais l'habitude est prise, et ils n'y pensent pas, ils ne s'en doutent pas; enfin personne ne se plaint. »

Personne ne se plaint, ni en Turquie non plus, ni sous Buonaparte non plus. Et certes les causes du silence diffèrent éminemment : là, la voix est étouffée; ici, la voix n'a pas été prêtée : tous isolés entr'eux, et chacun si frêle à part des autres, ni les intérêts ne peuvent parler, ni l'intérêt ne peut se faire entendre. Du reste, les effets sont les mêmes.

Il y a mille ans. Bien ! nous ne traduisons pas le passé à la barre de la cour; nous ne vous accusons pas de son délit. Le passé est quitte; le présent s'esquive; mais l'avenir, de qui ressort-il? sur qui doit-il retomber? La charge en est à quelqu'un, et pas à nous, qui ne peuvent, qui ne veulent : à vous donc. Qu'importe si ce qui sera continue ce qui fut : le pouvoir qui continue, qui proroge, qui opère de sorte que ce qui fut, sera : voilà le coupable : car s'il avait opéré en sens contraire, ce qui fut, ne serait pas.

« Nous convenons qu'il y a des sels impurs dans la mine; mais nous disons que les quatorze échantillons dont l'analise a été faite, ont été pris dans une masse provenant des premières couches, et les produits actuels se montrent bien supérieurs. »

Or, cette masse d'où sortent les échantillons paraît avoir été extraite postérieurement aux fragmens reçus par les commissaires de l'Académie. Or le registre d'analises du Conseil des Mines se rencontre assez bien, dit-on, avec l'analise des quatorze échantillons, et nullement avec le travail des commissaires. Or l'opinion d'un savant renommé qui revient dernièrement de la mine, se rapproche fort, suivant le bruit public, du résultat exposé dans *l'Etat de la question.*

Et il est si facile de vérifier ces registres qui ne trompent ni ne se trompent, de consulter ce savant qui ne saurait ni mentir ni se démentir, de s'assurer de l'époque de ces extractions, de s'assurer de la véracité de ce résultat en envoyant sur les lieux des personnes d'élite.

Il est encore plus facile de réfléchir, que si la troisième couche de quarante pieds d'épaisseur eût été supérieure à la masse des quatorze échantillons, que, si les couches subséquentes étaient devenues de meilleure qualité, les inventeurs n'auraient pas été tentés de percer et creuser jusqu'à la onzième couche.

Mais de tout cela, rien n'importe au fond. S'est-il rencontré des sels impurs dans la mine, et n'est-il aucun moyen d'en empêcher l'extraction ? C'est assez. Quel est l'homme qui mettrait en balance une modique rentrée d'écus avec la plus légère chance d'attenter aux goûts, aux vœux d'une immense population?

« Cela ne nous regarde pas : c'est à l'administration de prohiber l'extraction des sels impurs, de veiller à la sécurité de la consommation. Ce serait lui faire injure de mettre en doute son zèle et sa capacité. »

Est-ce sur les temps écoulés que se fondent de telles garanties? Lisez la *Notice sur la Mine*, page 49 : n'y avait-il pas aussi une administration sous le sceptre tutélaire de nos rois? Et pourtant la chambre des comptes de Nancy, le parlement de Besançon se sont vu forcés d'intervenir. Or, le besoin advenant, où sont nos corps de magistrature, investis du pouvoir de la haute police? Hélas! il n'est plus en France que des anti-chambres à courbettes, que des cabinets à paroles fausses ou vaines : prenez donc garde à vous, et faites bien attention. La loi est-elle émanée des hauteurs du mont sacré; que ce soit ou dans le calme ou à travers les orages, la voilà lancée, sillonnant en traits de feu la carrière qui lui fut dévolue, renversant ou brisant les frêles résistances qui s'élèvent, et aggravant ses rigueurs de plus en plus, respectant de moins en moins ses limites. Prenez garde : qui porte la loi répond, de la loi.

Mais non, vous vous abandonnez plutôt aux présages si palpables, si manifestes de l'avenir : et comment ne pas s'y fier? Son aspect n'annonce que sécurité, que sérénité; le siècle est au beau fixe. Effaçons ces commémorations d'horreur; imposons silence à ces imaginations épouvantées; une nuée a visité nos terres, soufflée de je ne sais quel pôle, poussée par je ne sais quel vent : eh bien, elle s'est ouverte, elle a fondu, au grand étonnement des prophètes de malheur, comme en une rosée fertilisante. Tout est calme, tout restera calme; que le pilote ne craigne plus de mettre toutes voiles dehors.

Et puis quel avenir? Un an de moins qu'un siècle : comment! n'est-ce que cela? Mais cela fait tout au plus au terme moyen, quarante-neuf ou cinquante générations de ministère : ce serait par trop étrange qu'en un nombre ainsi réduit, il s'en rencontrât un, un seul, qui manquât en quelques points, en quelques instants, ou de fortitude dans le caractère, ou de perspicacité dans l'esprit, ou de ce beau dévouement si familier aux âmes romaines. Allons, passons outre.

« On nous parle de la fraude. Mais quelle est donc cette odieuse manie de déprécier son espèce! en semant des soupçons, ne faites-vous pas germer le délit? Que n'apprenez-vous enfin, à respecter le chef-d'œuvre de la création? »

Qu'ils tremblent, ceux à qui ces paroles échappent! car le Dieu de nos pères les entend. Plutôt que de laisser leur langue vagabonde bégayer à plaisir des sons privés de sens, que n'osent-ils descendre aux abîmes du cœur humain, abîmes qui se dissimulent à la prévoyance même, abîmes que l'approche de la tourmente, que la variation d'un rhumb de vent, découvrent et affichent soudain, si profonds, si hideux, que nul esprit n'était capable de les sonder.

Tremblez : nous vous en dirons tant. C'est une fraude à millions; quelques bribes préservent de tout risque. Vous ne volez jamais que l'État, et combien l'État vous a dérobé lui-même! Au fait en appurant le compte de conscience, par doit et avoir, un tel lucre vous permet de traiter avec quelques faveurs les besoins du consommateur : la loi est si dure envers lui; sans doute elle s'en reposait sur vous.

Eh bien, fraudrez-vous maintenant? Ne fraudrez-vous jamais? Dites! on vous porte toute foi. Est-ce non? Allez de l'avant, on vous suit de ses vœux les plus ardens.

« La fraude est impraticable, surtout pour une compagnie; le secret serait bientôt divulgué. »

Que d'erreurs en deux mots! Ne voyez-vous pas au contraire que tout est secret en fait d'actes honteux, qu'il y a secret, soit que personne ne parle, soit encore que chacun parle, attendu que ni l'un ni l'autre ne parle de même, et que la vérité, simple de sa nature, ne saurait se démêler à travers la complexité des mensonges.

Tout est secret, et malgré le temps, pour long qu'il soit, et après le temps, tant loin qu'il reste en arrière. La fiscalité impériale était-elle donc si niaise, plus niaise qu'une autre? Nul ne le pense. Et c'est pendant des années, que la fraude sur les sels livrés en exemption de droits, s'est opérée dans certaines fabriques de soude; c'est après des années, que les notions d'abord vagues et s'éclaircissant lentement, ont forcé enfin le gouvernement à ne plus livrer ces sels, avant qu'ils n'eussent été dénaturés par des mixtions indélébiles. Les faits ne sont pas loin de vous; les fauteurs pas loin de vous : et qu'en advient-il? Ceux-là enfouis dans l'oubli ; ceux-ci intrônisés en fortune, préconisés en honneurs, en gloire.

Ici le souvenir revient naturellement, et tombe bon gré malgré, sur le papier, d'une dernière objection, émise par un personnage, qui a présidé, au moins de l'autorité apparente de son suffrage, aux premières tentatives essayées en faveur de la mine, et qui bien qu'il ne le devrait pas, bien qu'il ne l'aurait pas voulu, va peut-être se trouver investi du rôle prééminent, dans le débat où se fixeront ses destinées.

Il lui était représenté, qu'attendu l'immense différence qui existe entre le prix de fabrique des sels, et leur prix vénal, surchargé par la taxe et le transport, le consommateur ne pouvait bénéficier, sur ledit prix vénal, de plus de 3 pour 100, au moyen même d'une réduction de moitié dans le prix réel sur les marais salans, lequel bénéfice se réduirait à 2 sous par tête et par an.

Or, voici la réponse littérale : « l'État n'a pas le droit de faire perdre 2 sous par an, à qui que ce soit »

Certes on ne vit jamais conscience plus méticuleuse. Mais dans le cercle tellement étroit, qui circonscrit l'essor de l'esprit humain, n'est-il pas un point où le bien, le mal viennent à s'accoster, à se succéder ? Et serait-ce sans raison, qu'il fut dit de tout temps qu'un excès mène à l'autre.

Comment, l'Etat ne peut faire perdre 2 sous par an aux consommateurs de l'Est ? et l'Etat, en prorogeant le *maximum* du prix à 18 francs le quintal, lui enlève aussi par an environ 16 sous; et la loi, en sanctionnant le projet, le condamne à n'employer que des sels gemmes, tout nouveaux pour lui, tout contraires à ses goûts comme à ses besoins !

Comment ! l'Etat ne peut faire perdre 2 sous par tête dans l'Est ? et dans l'Ouest, dans le Sud, il prétend, autant qu'il est en son pouvoir, frapper de ruine un nombre de propriétaires, et expulser de leurs foyers, rejeter sur les grands chemins une masse de travailleurs !

Quelle serait donc cette conscience de sorte hétéroclite qui, se refusant à prendre rien sur elle, et laissant aller tout au gré du sort, compromettrait des intérêts effectifs, pour ne pas limiter des droits abstraits ; cette conscience, qui estime au-dessous de 2 sous par tête et par an, le respect dû aux habitudes, les égards commandés par la prière, les périls encourus dans la santé ; cette conscience, qui estime au-dessous de 2 sous valans, et la peste endémique acclimatée dans les environs de Rochefort et de Cette, depuis l'abandon de la moitié des marais salans ; et la même peste, bientôt contagieuse, qui s'inoculerait de plage en plage, et dans les villes et dans les campagnes, sur un littoral de cent lieues à l'Ouest, de cinquante au Midi, s'il devait arriver, ou tôt ou tard, que par l'effet toujours incertain du temps, l'industrie des marais salans, déjà stationnaire, suivant l'Exposé des Motifs, rétrogradât cette fois et s'anéantît enfin.

Mais les deux interlocuteurs étaient en dehors de l'état actuel de la question ; leurs argumens se choquaient dans le vide : la discussion a tout-à-fait changé de face, et la question se pose en des termes plus vrais et plus simples à la fois.

Le fisc n'a plus moyen de lancer l'un sur l'autre et l'Est et l'Ouest, se tenant à l'écart, et guettant le moment de ravir la dépouille des deux partis. S'il s'agissait encore d'établir entre eux la balance des droits, le solde serait appuré aussitôt : ici, tout à perdre, et là, rien à gagner. S'il s'agissait du maintien du travail, au moins il y aurait des termes de comparaison ; mais ce serait d'un à dix et à vingt, partant au-delà des neuf dixièmes de perte pour la richesse publique.

Que les fauteurs du projet ne se plaignent pas. On fait belle guerre ; leur position n'était pas tenable : on leur en offre, on leur en prête une meilleure. Au lieu des neuf dixièmes de perte en espèces sonnantes, et ayant cours, il ne faut plus considérer que dix dixièmes de perte sèche, en fait de justice relative, en fait d'affections monarchiques, en fait de bien-être et de bien-aise, seulement pour deux millions de Français.

Et c'est misère, au dire des économistes à 2 sous. Tout dépend du dictionnaire : le sien est différent.

Aussitôt que la plaie invétérée qui dévore les régions de l'Est eut été reconnue et sondée jusqu'au vif, l'attention s'est détachée des blessures fortuites dont les traits de la loi peuvent effleurer les existences de l'Ouest : où est le malheur, est la patrie. On a transporté ses pénates, des côtes natales aux plaines étrangères ; et là, dût l'idole d'un culte éphémère être installée sur ses autels d'airain; dût-elle être entourée des satellites de la vengeance, on ne cesserait de s'écrier, toujours fidèle : *Je suis chrétien.*

On le sait mieux que personne : la loi ne veut pas le mal, puisque, pour être investie de son caractère, il lui faut passer à deux fois sous le seing d'un père. Mais il ne s'agit pas de ce qu'elle veut, de ce qu'elle doit; il s'agit de ce qu'elle fait.

Or, est-ce le bien ou le mal qu'elle va faire, en prorogeant de quatre-vingt-dix-neuf ans, la perception d'une taxe, localement partiale, moralement illicite, légalement arbitraire, ainsi qu'elle fut toujours, ainsi qu'elle sera encore?

Est-ce le bien ou le mal qu'elle va faire, en infligeant aux Français, déjà chargés d'un tel joug, la contrainte de se pourvoir et de se sustenter en une qualité de sels que la nature livre impurs, que l'habitude rend répugnans?

Voilà toute la question.

On n'aura pas à se reprocher d'y ajouter un mot de plus, sachant trop bien qu'il n'est donné à l'homme que de poser la question, d'en exposer les données, d'où la solution jaillit aussitôt, frappant les esprits de lumière et pénétrant jusqu'aux plus réfractaires.

Point de prix de bail, point de sel gemme en

circulation, rien qu'une régie pure et simple, rien que des sels raffinés et épurés, rien que le coût de fabrique pour tout maximum : faites cela, et tout est fait.

Bien ! la raison est convaincue : mais les passions le sont-elles jamais, et ne font-elles pas tout? Mettons à l'écart, et la mesquine vanité d'un chef de bureau renforcé, et l'ample cupidité de quelques spéculateurs insatiables, la place n'est pas encore aplanie.

Le ministre régulateur est homme aussi, ne vous déplaise : et, comme tel, il a sa manie, son idée creuse, qui domine en tout et partout, ne faisant, à bien dire, que se traduire, que se reproduire sous des formes de diverse apparence. Que voulez-vous? un esprit trop étendu, trop profond, se sent à l'étroit, en malaise, sous les briéves lignes de la vie humaine : il lui faut franchir des rives si bornées, s'élancer au large sur l'aventureux Océan, et, toutes voiles dehors, cingler devers un monde introuvable, où seulement doit être, pour lui, le lieu de repos.

Par égard pour nos faiblesses, le terme du bail a été limité à quatre-vingt-dix-neuf années : mais, Dieu merci, les égards ont un terme; et il n'y a pas moyen de se prêter à la limitation de la quantité des sels.

« Soyez tranquilles, a-t-il dit et redit, dans le

silence du cabinet, l'exploitation n'atteindra jamais aux limites que vous voulez lui fixer : mais il me faut du vague, pour souffler le feu des enchères. »

Qui trompe-t-on ici ? s'écriait à cette occasion une personne distinguée : sans doute ce ne sont pas les propriétaires de marais salans ? Le ministre leur est attaché uniquement, car il l'a dit. Il y a des dupes pourtant : comment s'en passer aux jeux de l'agiotage ? Mais c'est charmant : voilà que les enchérisseurs accourent, impatiens de dévorer leur proie ; et ils sont pris au piége.

Comment ! ministre de mon Roi, il vout faut du jeu ! comme si tout jeu ne retournait pas en sang ! Il vous faut du vague ! comme s'il était besoin de fouetter ces imaginations, déjà si ardentes à se bercer de rêves périlleux !

Quel siècle cependant, où, depuis les femmelettes jusqu'aux grands hommes, tous sont las de l'existence présente, parce qu'ils ne l'entendent pas ; las d'eux-mêmes, parce qu'ils ne s'estiment plus ; las des autres, parce que les autres leur ressemblent ; portant ainsi le présage certain, donnant le dernier signal que les temps sont à la veille de s'accomplir, et que la société, enfin parvenue au plus haut degré d'inconsistance dans les esprits, de dépravation dans les cœurs, va se rompre, se briser, se dissoudre, à travers une épouvantable catastrophe, pour être recreéée, peut-être, sous des formes jusqu'alors inouïes, sous un type tout-à-fait étranger!

Or, apprenez : il ne vous échappe pas un mot, pas un acte, qui ne tende à pousser, à précipiter le doux pays de France devers l'époque calamiteuse, devers le terme fatal, ô vous, ministre du vague !

Apprenez, bien qu'il ne doive plus sonner que l'heure du tardif repentir : toute la France voulait de vous. Et qui n'en a pas voulu? Vous-même, vous seul, ministre du vague!

P. S. Deux notes insérées dans le *Drapeau Blanc* du 17 et le *Journal des Débats* du 18, doivent trouver ici une réponse, ou plutôt, vont se répondre à elles-mêmes.

La seconde note, soussignée par un associé de la Compagnie du sel gemme, observe que des intérets menacés par une concurrence nouvelle, ne sont pas toujours nobles dans le choix de leurs armes.

S'il n'était à craindre d'abuser de la bienveillance des journaux royalistes, le *Journal des Débats* aurait reçu aussitôt, une contre-note soussignée par l'auteur de l'*Etat de la Question*, dans laquelle il eût été observé, qu'une concurrence nouvelle, repoussée par des intérêts anciens et légitimes, n'est pas toujours noble dans le choix de ses armes.

La note parle d'analises clandestines opérées sur des matières salifères prises entre les couches de sel et livrées à des fabricans, comme pour essai.

Or, la masse des sels avait été, non pas livrée en essai, mais vendue à prix d'argent, à la manufacture de sel ammoniac.

Or, cette masse n'était pas plus composée de matières salifères que ne l'est la mine elle-même, et contenait, ainsi que la mine, des morceaux de belle qualité.

Or, ces analises clandestines ont été faites par un chimiste recommandable sous tous les rapports, n'ont point été contestées dans le sein de la commission des Pairs, et peuvent être vérifiées par l'Académie des Sciences, car les échantillons sont conservés à cet effet.

La note préfère s'en rapporter au travail des commissaires de l'Académie, lequel ayant été fait sur des échantillons de choix, ne doit pas porter autorité, et se voit infirmé par le registre d'analises du Conseil des Mines, où il a été trouvé près de dix centièmes de résidu dans des échantillons de la mine; se voit infirmé par la note de M Cavantou, chimiste de la Compagnie, insérée dans le *Drapeau Blanc*, où il est déclaré que des parties de sel ont offert jusqu'à huit et neuf pour cent de substances étrangères.

Il a été démontré, dans l'*Etat de la Question* (page 82), que l'analise de quatorze échantillons, pris dans toutes les nuances de sels demi-gris et gris, depuis les moins impurs jusqu'aux plus impurs, donnait pour résidu, de onze à quarante-sept centièmes.

Mais il n'a jamais été avancé que des échantillons triés et choisis avec art, dussent fournir le même résultat : il n'a jamais été prétendu que la Compagnie tiendrait à livrer des sels à quarante-sept centièmes de résidu, plutôt que des sels à vingt et à dix centièmes seulement.

On reste très-persuadé, au contraire, qu'elle débitera dans les régions de l'Est ces derniers sels, de préférence aux plus mauvais, comme aussi de préférence aux meilleurs, qui seront réservés dans l'espoir de vaincre la répugnance attachée au sel gemme, et de triompher dans la lutte avec les sels de mer.

Et ce sera un détriment assez manifeste pour deux millions de Français, lorsque la consommation ne se verra plus fournie qu'en cette nouvelle sorte de sels, dont le dixième au moins ne sera pas du sel et sera, comme le sel, chargée de trois sous par livre à raison de la taxe, et d'un sou par livre à raison du *maximum*.

On n'a dit que cela et on dira toujours cela.

Versailles, 18 janvier 1825.

PARIS, DE L'IMPRIMERIE D'A. ÉGRON.

www.ingramcontent.com/pod-product-compliance
Ingram Content Group UK Ltd.
Pitfield, Milton Keynes, MK11 3LW, UK
UKHW021048260726
13994UKWH00005B/2404